BEI GRIN MACHT SICH IHR WISSEN BEZAHLT

AF135687

- Wir veröffentlichen Ihre Hausarbeit, Bachelor- und Masterarbeit

- Ihr eigenes eBook und Buch - weltweit in allen wichtigen Shops

- Verdienen Sie an jedem Verkauf

Jetzt bei www.GRIN.com hochladen und kostenlos publizieren

GRIN

Neuronale Netze in der Börsenspekulation

Florian Haider

GRIN ☺

Bibliografische Information der Deutschen Nationalbibliothek:

Die Deutsche Nationalbibliothek verzeichnet diese Publikation in der Deutschen Nationalbibliografie; detaillierte bibliografische Daten sind im Internet über http://dnb.d-nb.de abrufbar.

ISBN: 9783346689504
Dieses Buch ist auch als E-Book erhältlich.

16.06.2022

Neuronale Netze

NEURONALE NETZE IN DER BÖRSENSPEKULATION

FLORIAN HAIDER

Inhaltsverzeichnis

I. Abkürzungsverzeichnis

KI = Künstliche Intelligenz
IoT = Internet of Things
MLP = Multi-Layer-Perceptron
RNN = Rekurrente neuronale Netze
LSTM = Long-Short-Term-Memory
US = United States
MISO = Multiple Input Single Output

II. Abbildungsverzeichnis

1. Einleitung

1.1 Einführung

Der Megatrend Digitalisierung und Automatisierung boomt seit mehreren Jahren. Der Wachstumstrend dieser Trends setzt sich durch die Corona-Krise und der damit einhergehenden Geldflut durch die Nullzinspolitik weiter fort. Ein integraler und bedeutender Bestandteil dieser Trends ist die Anwendung von künstlichen neuronalen Netzen, welche heutzutage auch mit dem Begriff der künstlichen Intelligenz gleichgesetzt werden. Jeder wird mit hoher Wahrscheinlichkeit ein künstliches neuronales Netz benutzt haben, bewusst oder unbewusst. Diese finden Verwendung in den verschiedensten Anwendungsbereichen wie z.B. Sprach- und Gesichtserkennung, Bildanalysesoftware, Cybersecurity, Finanzverwaltung, autonomes Fahren und im Bereich der IoT.[1] Einer der umsatzstärksten Bereiche für die Verwendung von KI ist die Finanzbranche. Das Grundgerüst der künstlichen Intelligenzen sind dabei künstliche neuronale Netze. Dabei sollen bis zum Jahr 2025 mit Hilfe von KI knapp 6.000 Millionen US-Dollar umgesetzt werden., wobei diese hauptsächlich Aufgaben des Aktien- und Optionshandels durch die Verwendung verschiedenster Inputs, Strategieentwicklung, Risikomanagement, Entscheidungsunterstützung und Portfoliomanagement übernehmen.[2]

---

[1] Europäisches Parlament, 2021
[2] Tractica, 2017

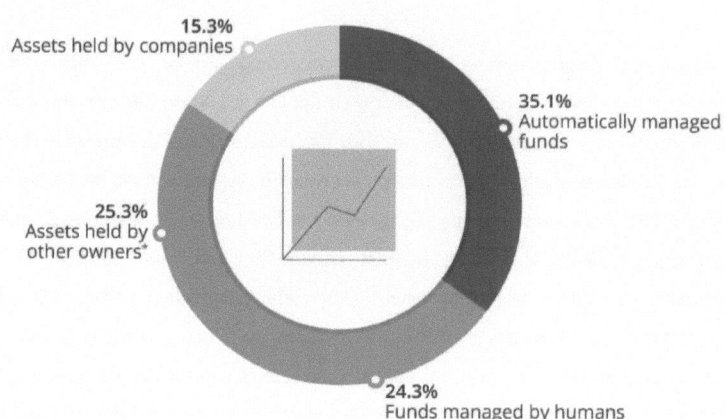

Abbildung 1: Anteile der unterschiedlichen Portfolioverwalter[3]

Bereits bis zu 35,1% aller US-Aktien werden computergestützt und durch entsprechend programmierter Algorithmen verwaltet.[4] Die Schätzungen an der Wall Street gehen dahin, dass in etwa 60-73% des gesamten Aktien- und Optionsscheinhandel auf künstliche Intelligenzen bzw. durch den algorithmisch programmierten Hochfrequenzhandel (HFT) zurückzuführen sind.[5] Wenn knapp drei Viertel des Handels nicht mehr durch den Menschen stattfinden, sondern durch künstliche neuronale Netze stellt sich hierbei, insbesondere bei den Einzelhändlern, die Frage: Können neuronale Netze in der Gegenwart und zukünftig noch eingesetzten werden um an den Finanzmärkten einen Profit zu machen?

---

[3] Buchholz, 2019
[4] Buchholz, 2019
[5] Mordor Intelligence, 2022

1.2 Ziel und Aufbau der wissenschaftlichen Arbeit

Das Ziel der wissenschaftlichen Arbeit ist die Darstellung des Forschungsstandes der neuronalen Netze, sowie der Anwendung dieser in der Praxis. Diese Darstellung erfolgt mit Bezug zur Börsenspekulation. Unter anderem wird der Frage nachgegangen, wie neuronale Netze Kursvorhersagen am Aktienmarkt treffen können und welche Rolle die Fuzzy-Logik hierbei spielt, außerdem sollten auch verwendete Algorithmen vorgestellt werden.

Um die Ziele des Assignments zu erfüllen sind vier Kapitel notwendig. Das erste Kapitel gibt eine Einleitung in das Thema. Im zweiten Kapitel werden die Grundlagen mit der auführlichen Begriffsdefinition geschaffen. Unter anderem werden die Begriffe Neuronale Netze, Fuzzy-Logik, Algorithmen und Grundbegriffe der Börsen Termini erörtert. Das dritte Kapitel beschäftigt sich mit dem aktuellen Forschungsstand der künstlichen neuronalen Netze im Bezug zur Börsenspekulation. Dieses Kapitel wird mit einem kurz beschriebenen Praxisbeispiel abgerundet. Im letzten Kapitel wird die wissenschaftliche Arbeit kritisch reflektiert und Ausblick gegeben.

2. Begriffserklärung

2.1 Künstliche Neuronale Netze

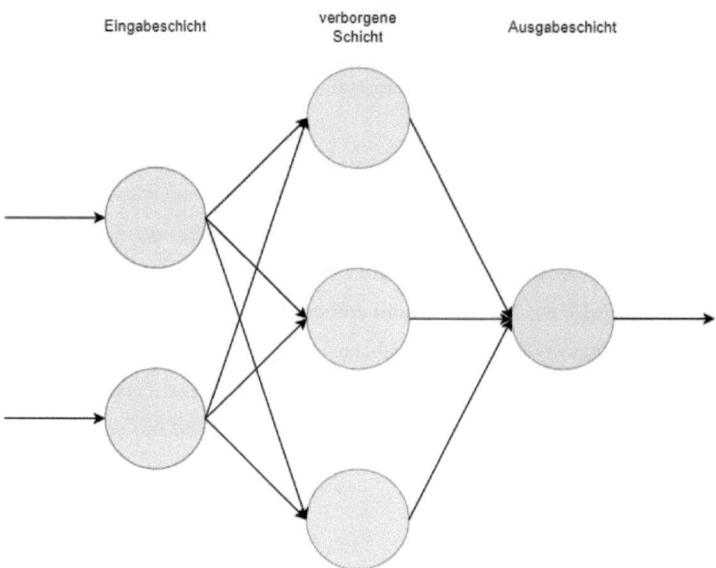

Abbildung 2: Vereinfachte Darstellung eines künstlichen neuronalen Netzes[6]

(Künstliche) neuronale Netze, im englischen auch artificial neural networks genannt, sind informationsverarbeitende Systeme. Bei diesen Systemen werden deren Strukturen und Funktionsweisen dem Nervensystem nach dem biologischen Vorbild des menschlichen Gehirns nachempfunden.[7] Wie im Gehirn die Nervenzellen mittels Synapsen verknüpft sind, so bilden die verschiedenen künstlichen Neuronen und ihre Verknüpfungen ein Netzwerk, das zu verschiedenen Berechnungen genutzt werden kann. Künstliche neuronale Netze haben eine Eingabe- und Ausgabeschicht und keine, eine oder mehrere versteckten Schichten (siehe Abbildung 2). Ein künstliches Neuron kann Signale empfangen, sie verarbeiten und gegebenenfalls an das nächste

---

[6] Eigene Darstellung
[7] Vgl. Kruse, et al., 2011, S.7

4

künstliche Neuron weiterleiten. Die Weitergabe des Signals kann durch Schwellenwerte, sog. Aktivierungsfunktionen beeinflusst werden, die beispielsweise nur Signale mit einer bestimmen Stärke weiterverarbeitet. Dieses künstliche neuronale Netz mit Gewichtung und Schwellenwert werden auch Perzeptron genannt. Besteht das Netz aus mehreren Schichten so spricht man von mehrschichtigen Perzeptren.[8] Ist die Signalrichtung von der Eingabe- zur Ausgabeschicht spricht man von Feed Forward Neural Networks. Diese neuronalen Netze lernen Aufgaben zu lösen, ohne aufgabenspezifische Programmierung. Ein klassisches Beispiel hierfür ist die Bilderkennung. Hierbei wird das Netz mit Beispielbildern gefüttert, bei denen später mit der Eingabe eines Inputs zwischen zugehörig und nicht zugehörig unterschieden wird. Das Netz braucht dafür keine vorgegebenen Attribute, denn es lernt diese selbstständig durch die Beispielbilder. Dieses lernen wird auch als überwachtes Lernen beschrieben. Eine weitere Möglichkeit wie das Netz lernen kann, ist durch unüberwachtes Lernen. Im Gegensatz zum überwachten Lernen werden keine Datensätze oder Inputs in Form von z. B. Beispielbildern benötigt, um Daten zu klassifizieren. Hier werden eher Cluster-Analysen durchgeführt.[9]

2.2 Fuzzy-Logik und Fuzzy-System

In unserer Welt sind viele Aussagen nicht entweder wahr oder falsch. Die klassische mathematische Logik stößt hier an seine Grenzen, da diese formal-logischen Aussagen benötigt und diese Aussagen immer als wahr oder falsch deklariert. Ein Beispiel für dieses Problem ist die Beobachtung eines Glas Wassers, das mit einer geringen Menge Wasser gefüllt ist. Eine klare Zuordnung ist zur Zugehörigkeit leer oder voll nicht möglich. Die Beschreibung ist hier nur unscharf und nicht präzise möglich. In diesem Beispiel wäre das Glas fast leer. Um dieses Problem zu lösen, wurden die Fuzzy-Mengen eingesetzt. Die Idee hinter den Fuzzy-Mengen ist der Einsatz von graduellen Zugehörigkeitsgraden. Im Beispiel des Wasserglases wäre das Glas zu 0,8 (80%) leer und zu 0,2 (20%) voll, es kann somit eine Zugehörigkeitsfunktion erstellt werden. Im weiteren Sinne werden alle Anwendungen und Theorien, in denen Fuzzy-Mengen auftreten der Fuzzy-Logik zugeordnet. Die Fuzzy-Logik basiert somit auf den Fuzzy-Mengen mit Fuzzy-Sets und den entsprechenden Zugehörigkeitsfunktionen. Auf diese Fuzzy-Mengen können klassische Operationen wie Negation, Konjunktion, Disjunktion und Implikation angewendet werden.

---

[8] Vgl. Kruse, et al., 2015, S.44
[9] Vgl. Wennker, 2020, S.9-20

Zusammenfassend können daraus Fuzzy-Systeme erzeugt werden, die industrielle und kommerzielle Anwendung finden. Aus den Fuzzy-Systemen sind Fuzzy-Regler entstanden. Diese Regler können im Gegensatz zu konventionellen Reglern mit unscharfen Mengen arbeiten. Es sind somit keine mathematischen Modelle notwendig, sondern ein alleiniges unscharfes, beschreibendes Modell, das auf Erfahrungswissen beruht, reicht dem Fuzzy-Regler aus, um seine Aufgabe zu erfüllen. Der Fuzzy-Regler liefert als Ergebnis immer einen scharfen Wert, welcher wie bei konventionellen Reglern als Stellgröße u dargestellt wird.[10] Solche Fuzzy-Systeme können auch in äußerst komplexen Umgebungen eingesetzt werden, in denen mehrere Umgebungsbedingungen nur unscharf beschrieben werden können. Deshalb können diese Regler gewinnbringend in dem algorithmisch gesteuerten Börsenhandel eingesetzt werden.

2.3 Algorithmen

„Ein Algorithmus ist eine eindeutige Handlungsvorschrift zur Lösung eines Problems. Eine Eingabe wird dabei in genau definierten Schritten zu einer Ausgabe umgewandelt."[11] Im Grunde funktioniert ein Algorithmus wie eine Maschine, Inputs werden in Maschine gegeben und aus mehreren Verarbeitungsschritten ist das Ergebnis ein Output. Bei den künstlichen Neuronalen Netzen wird ein Lernalgorithmus angewandt. Bei diesem Algorithmus wird mithilfe von Trainingsdaten ein leistungsfähiges Modell angelernt. Dieses Modell kann im weiteren Schritt für die vorhergesehen Problemstellung benutzt werden.[12] Diese Lernalgorithmen müssen zur Anwendung in der Börsenspekulation mit gewaltigen Datenmengen arbeiten, welche sich sekündlich dynamisch ändern, weshalb eine leistungsfähige Hardware notwendig ist.

---

[10] Vgl. Kruse, et al., 2015, S.289 ff.
[11] Kersting, et al., 2019, S.11
[12] Vgl. Kersting, et al., 2019, S.12 ff.

2.4 Börsenbegriffe

Die **Börse** lässt sich mit einem Supermarkt vergleichen, es gibt Käufer und Verkäufer, doch anstelle von Lebensmitteln werden Wertpapiere wie Aktien, Anleihen und andere Finanzinstrumente wie Optionsscheine gehandelt. Die Verkäufer werden auch Emittenten genannt, dies sind die Herausgeber der Wertpapiere. Emittenten sind in den meisten Fällen Unternehmen oder Staaten. Durch den Verkauf des Wertpapiers bekommt das Unternehmen Geld und kann damit z.B. Investitionen tätigen. Auf der Käuferseite befinden sich die Investoren. Investoren können Einzelhändler oder andere Institutionen sein. Das Ziel des Investors ist es, mit seinem investierten Kapital Rendite zu erwirtschaften.[13]

Aktien sind Wertpapiere, die von z.B. Unternehmen emittiert werden. An der Börse werden hauptsächlich nennwertlose Stückaktien gehandelt. Diese Stückaktien verbriefen einen Anteil am Grundkapital. Mit dem Kauf eines Wertpapiers bzw. einer Aktie wird man zum Anteilseigner des Unternehmens von der die Aktie emittiert wurde. Bei einem freundlichen Börsenklima, stabilen Wachstum und fundierten Umsatzzahlen kann von einer Wertsteigerung des Aktienkurses ausgegangen werden. Durch diese Wertsteigerung werden die Investoren belohnt, da das eingesetzte Kapital sich um die Kurssteigerung erhöht.[14] Auch mit Optionsscheinen kann gehandelt werden. Mit Optionsscheinen kann sowohl auf steigende Kurse als auch auf fallende Kurse spekuliert werden. Diese sollten aber in diesem Assignment nicht weiter behandelt werden.

Am Markt wird auch vermehrt **Spekulation** betrieben, man wettet auf eine zufällige Entwicklung des Aktienkurses in der Zukunft. Es wird Kapital eingesetzt und auf kurzfristig steigende Kurse spekuliert und zieht nach dem Kursanstieg sein Kapital wieder ab. Somit bleibt ein Gewinn. Bei einer niedrigen Zeitpräferenz spricht man bei der Aktieninvestition nicht Spekulation, sondern von Strategie.[15] Wie in der Einleitung beschrieben befinden sich auf der Käuferseite zum größten Anteil computergesteuerte Algorithmen. Diese Algorithmen sind so programmiert, um den größtmöglichen Gewinn zu erwirtschaften.

---

[13] Vgl. Müller, 2020, S.117-118
[14] Vgl. Sander, 2021, S.47
[15] Vgl. Müller, 2020, S.119

3. Forschungsstand neuronaler Netze am Finanzmarkt

Allgemein ist der Forschungsstand bzw. sind die Grundlagen der Algorithmen, die bei künstlichen neuronalen Netzen eingesetzt werden, nicht besonders neu. Diese wurden bereits vor Jahrzehnten entwickelt. Was jedoch neu ist, ist die große Menge an Daten, die zur Verfügung steht und die effiziente und leistungsfähig gewordene Hardware. Irrelevant ist der Algorithmus aber nicht, denn dieser gibt der künstlichen Intelligenz vor, was diese zu erfüllen hat. Diese Algorithmen werden ständig weiter- bzw. neuentwickelt. Der mögliche Forschungsstand ist immer abhängig von den Grundpfeilern Algorithmus, Daten und Computer Hardware.[16] Was zudem die Leistungsfähigkeit der heutigen Anwendungen deutlich erhöht ist zunehmende Vernetzung zwischen technischen Geräten als auch zwischen sozialen Individuen im Internet.[17] Moderne neuronale Netze zeigen zumeist sogar eine Überlagerung von mehreren Architekturen, daraus werden die Netze in verschiedenen Layern abgebildet.[18] Die Grundidee jeder aktuellen Forschung beim Einsatz neuronaler Netze am Finanzmarkt ist die Verarbeitung von enormen Datenmengen aus den sozialen Medien (Emotionen), Fundamentaldaten (Unternehmensspezifische Daten) und mathematisch berechnete Bewegungsmuster (Technische Indikatoren) aus Vergangenheitswerten.[19] Die aktuellsten Entwicklungen beschäftigen sich mit Resurrent neural Networks(RNN), auch Rekurrente neuronale Netze genannt, die mit Sequenzdaten umgehen können. Die bekannteste Klasse von den künstlichen neuronalen Netzen von RNN ist das Long-Short-Term-Memory (LSTM).[20] Diese LSTM werden unter anderem dazu verwendet die Entwicklung einzelner Aktienkurse vorherzusehen.

---

[16] Vgl. Kersting, et al., 2019, S.19-21
[17] Vgl. Styczynski, et al., 2017, S.135
[18] Divis, 2020
[19] Vgl. Wennker, 2020, S.105-106
[20] Vgl. Wennker, 2020, S.107

3.1 Rekurrente neuronale Netzte (RNN)

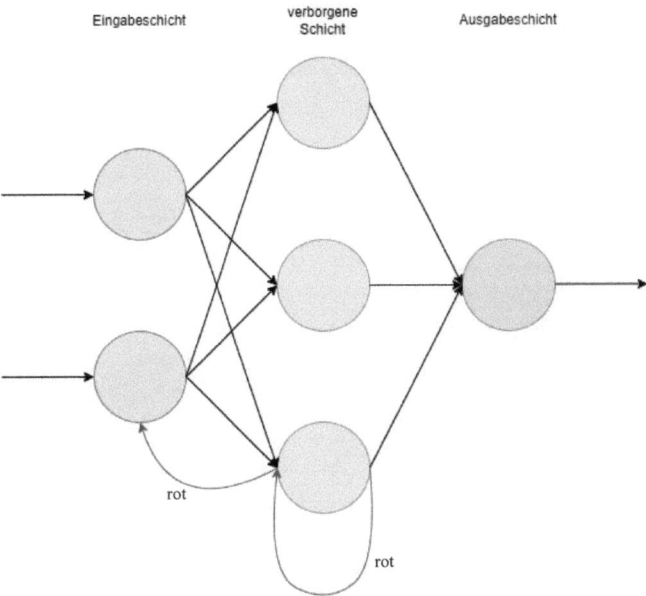

Eingabeschicht   verborgene Schicht   Ausgabeschicht

Abbildung 3: Vereinfachte Darstellung eines Rekurrenten neuronalen Netzes[21]

Im Gegensatz zu klassischen Feed Forward Neural Networks haben die rekurrenten neuronalen Netze zusätzliche Verbindungen zwischen Neuronen desselben Layers und Neuronen vorangegangener Schichten.[22] Diese Verbindungen sind in Abbildung 3 in der Farbe Rot dargestellt. Das neuronale Netz erhält durch die Rekurrenten Verbindungen ein Gedächtnis, welches eine Betrachtung und den Umgang mit Sequenzdaten erlaubt. Die RNN lernen mittels Backpropagationsalgorithmus. Dabei wird der Ausgabewert des Netzes mit dem Zielwert verglichen. Anhand der Abweichung zwischen den Werten werden die Gewichte innerhalb des Netzes angepasst.[23] Eine Weiterentwicklung des RNN Konzepts ist die LSTM-(Long-Short-Term-Memory)-Zellen.

---

[21] Eigene Darstellung
[22] Vgl. Wennker, 2020, S.26
[23] Vgl. Ertel, 2021, S.313 ff.

3.2 RNN: Long-Short-Term-Memory-Zellen

LSTM-Zellen sind eine Weiterentwicklung des RNN-Konzepts. Diese Zellen können Informationen über bestimmte Zeiträume behalten, dabei beeinflussen verschiedene Gates den Informationsfluss bzw. die Dauer der Erinnerung.[24] Auch die LSTM-Zellen nutzen den Backpropagationsalgorithmus.

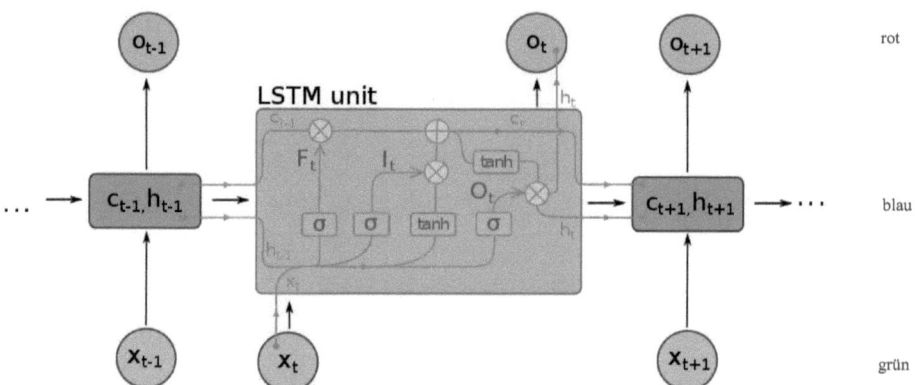

Abbildung 4: Schematische Darstellung LSTM[25]

Der Aufbau ist ähnlich eines RNN. Die Eingabe in den LSTM Block ist nicht nur der Input (grün), sondern auch die Ausgabe des vorherigen Schritts (blau). Durch die interne Struktur lernt das LSTM, welche gesehenen Informationen aus der Vergangenheit zur Bildung des Outputs (rot) beitragen sollten. Es können Informationen aus direkt gemachten Eingaben, sowie auch weit zurückliegende Informationen verarbeitet werden.[26] Die Abbildung 5 zeigt das Innere der LSTM-Unit.

---

[24] Vgl. Wennker, 2020, S.27
[25] fdeloche, 2017
[26] Divis, 2020

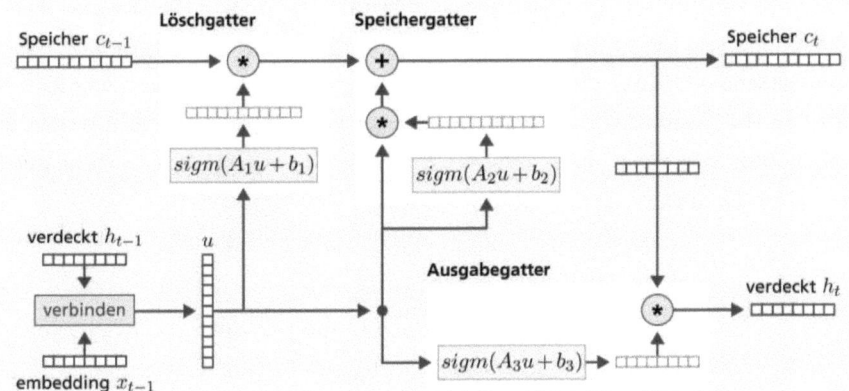

Abbildung 5: Vereinfachtes Schema einer LSTM-Unit[27]

Hier werden die verschiedenen LSTM-Unit Inhalte als Gatter beschrieben. Der Speichervektor c_t speichert die Informationen langfristig. Mit dem Ausgabegatter werden Komponenten des Speichers ausgelesen und mit der Eingabe u addiert, daraus wird der neue verdeckten Vektor h_t gebildet. Die Eingabe u wird durch den vorherigen verdeckten Vektor und durch die aktuelle Worteingabe x_t gebildet. Der Löschgatter, löscht bei Bedarf die nicht mehr benötigten Informationen aus dem Speicher.[28] Der Rechenaufwand kann durch dieses Konstrukt enorm hoch sein, da der Speicher mehrere Jahrzehnte an Informationen hinterlegen kann. Ohne geeignete Hardware kann der Rechenaufwand zur Ausgabe mehrere Stunden oder Tage betragen.

Es liegt somit nahe, dass das RNN-LSTM Anwendung in der Finanzbranche findet. Durch die enormen Datenmengen aus den Börsenkursen der Vergangenheit, werden ähnliche Kursverlaufsmuster erkannt und somit die künftigen Kursverläufe vorhergesagt. Durch das korrekte Prognosen des Kurses kann das Netz lernen, welche Kursverlaufsmuster in Form von Informationen gespeichert werden und welche aus dem Speicher gelöscht werden sollen. Im Gegensatz zum klassischen RNN-LSTM Netz muss man anstelle des Wort-Embeddings der Vektor x_t der Zeitreihenwerte zum Zeitpunkt t als Eingabe verwenden. Die Ausgabe zum Zeitpunkt

---

[27] Paaß & Hecker, 2020, S.191
[28] Vgl. Paaß & Hecker, 2020, S.189 ff.

t ist ein Vektor der vom Algorithmus gesuchten Werte.[29] Der Wert der Ausgabe kann somit zum Beispiel y_{t+1} sein und einer von mehreren, vom Algorithmus, prognostizierten Zeitreihen sein. Erwähnt sollte noch werden, dass eine Prognostizierung von Aktienkursen auch durch RNN-Netze ohne LSTM möglich ist. Diese sind aber weniger flexibel und zeigen Ineffizienzen in der Informationsverarbeitung. Auch das flexible Verwenden von ausgewählten Zeitreihen ist schwer bis gar nicht möglich.

3.3 Fuzzy Prognose durch Palit-Algorithmus

Es gibt Methoden zur Prognose, die rein auf der Fuzzy-Logik basiert. Dabei können musterbasiert beliebe Funktionen erlernt und anschließend ein zukünftiger Verlauf vorhergesagt werden. Es wird ausgehend von einer Folge von gemessenen Werten $x = \{x_1, x_2, ..., x_n\}$ mit den dazugehörigen Zeitabständen $t = \{1, 2, ..., b\}$ mehrere Fuzzy-Regeln aufgestellt. Durch die Fuzzy-Regeln findet eine Extrapolation statt. Das Verfahren wird in drei Schritte aufgeteilt die kurz erwähnt werden:

1. **Rückschau und Partitionierung**: Aufteilen der Informationsmenge in Teilmengen, auch MISO (Multiple Input, Single Output) genannt. Ausgehend von den Teilmengen werden Fuzzy-Regeln aufgestellt. Die Teilmenge wird mit der Variable *Y* versehen.
2. **Unterteilung der Y-Definitionsmenge und Fuzzifizierung**: Die scharfen Mengen aus Schritt eins werden durch Fuzzifizierung auf eine unscharfe Menge abgebildet. Zur Fuzzifizierung müssen Zugehörigkeitsfunktionen verwendet werden. Wahl der Anzahl der Fuzzy-Terme die auf die Teilmengen angewandt werden. Daraus entsteht, je nach Anzahl der Teilmengen, ein multidimensionales Feld.
3. **Vorhersage mittels Fuzzy-Logik-Regler**: Zur Vorhersage wird nun eine mögliche Teilmenge mit Werten befüllt. Als Beispiel: Y_1 *{0.1, 0.3, ?}*, der dritte Wert liegt in der Zukunft. Nun durchlaufen die Werte die Fuzzy-Logik und das Ergebnis der Defuzzifizierung entspricht dem zu prognostizierenden Wert.[30]

Auch hier ist das Anwendungsschema ein ähnliches. Jedoch kann die Fuzzy-Logik deutlich besser mit unscharfen Werten umgehen. Dies kann genutzt werden, wenn Messergebnisse aus Zeitreihen

---

[29] Vgl. Paaß & Hecker, 2020, S.196
[30] Vgl. Schmidt, 2010, S.108 ff.

vorliegen, die nicht zweifelsfrei den Werten aus der Vergangenheit zugeordnet werden können. Anzustreben ist eine Kombination aus RNN-LSTM und der Fuzzy-Logik. Diese werden auch in der Praxis genutzt.

3.4 Praktische Anwendung durch Equbot mittels IBM Watson artificial intelligence

Ein praktisches Anwendungsbeispiel von künstlichen Intelligenzen in der Finanzbranche ist die Firma Equbot die eine KI erschaffen haben, die auf der Plattform IBM Watson basiert und mit eigenen Algorithmen ergänzt wird. RNN spielen hier eine entscheidende Rolle. Die künstliche Intelligenz nutzt verschiedenste Informationsquellen wie Quartalsberichte, Social Media Informationen, globale News und Aktienkursmuster.[31] Die Firma gibt an, dass die KI über 15000 von Wertpapieren miteinander vergleicht und prognostiziert welche von den vorherrschenden ökonomischen Gegebenheiten, Trends und Weltevents profitieren. Die Mustererkennung vergleicht Kursmuster, Beziehungen zu anderen Musterverläufen und historischen Anomalien. Alle Aktien, die den vorgegebenen Auswahlkriterien entsprechen werden in das Portfolio automatisiert aufgenommen.[32]

Der Algorithmus entwickelt sich weiter in dem er neue Muster durch einen Trail and Error Ansatz erkennt. Dieser Ansatz wird auch bestärkendes Lernen genannt.[33] Kurz zusammengefasst agiert die KI als autonomer Agent, der selbstständig eine Strategie erlernt, um einen erhaltenen Gewinn zu maximieren. Der Agent nimmt die Umgebung wahr und wirkt auf diese ein. Dem Agenten wird nicht vorgegeben, welche Entscheidung in der gegebenen Situation die Beste ist, sondern durch die Interaktion mit seiner Umwelt erhält der Agent ein Feedback, das negativ oder positiv ist. Anhand des Feedbacks lern der Agent.[34]

Mehrere Publikationen zur eingesetzten KI wurden von der Firma nicht veröffentlicht. Die genauere technische Lösung bleibt logischerweise geheim. Wie in der Einleitung erwähnt, werden 60-73% des täglichen Börsenhandelns durch künstliche Intelligenzen durchgeführt. Alle anderen praktischen Anwendungsbeispiele bauen jedoch auf dem gleichen Grundgerüst der künstlichen

---

[31] Vgl. Wennker, 2020, S.106
[32] Equbot, 2021
[33] Equbot, 2021
[34] Vgl. Lorenz, 2020, S.14 ff.

neuronalen Netze auf. Die eigens entwickelten Algorithmen unterscheiden sich jedoch. Diese Algorithmen werden von Quant (Quantitative Analyst Position) entwickelt.[35] Deshalb sind alle KI, die an den Börsen und auch von Equbot eingesetzt werden, einzigartig.

4. Kritische Würdigung und Ausblick

Die Ziele der Arbeit wurden in den Kapiteln zwei und drei grundsätzlich erfüllt. Auch eine detaillierte Beschreibung der Funktionalitäten des RNN, LSTM und möglicher verwendeter Fuzzy Logiken mit Algorithmen wären durchaus angebracht gewesen. Auch die Anwendung eines LSTM lässt mehrere Fragen offen, da aufgrund der Komplexität eine deutlich nähere Betrachtung notwendig gewesen wäre. Deshalb ist auch die Verknüpfung aller Bestandteile zu einer möglichen operationalisierten Anwendung als defizitär zu betrachten. Die Erhebung praktischer Anwendungen ähnlicher KI erwies sich als Herausforderung, da Hedge-Fonds und andere Finanzverwalter Informationen diesen unter Verschluss halten. Daraus resultiert eine Schwachstelle in der Erläuterung des praktischen Beispiels, welches nur angedeutet werden konnte. Ein Anwendungsbeispiel der skizzierten Elemente anhand eines ausgewählten Aktienkurses wäre zum näheren Verständnis nötig gewesen. Dennoch wurden die Inhalte, trotz des beschränkten Seitumfangs plausibel und mit empirischen Beweisen dargestellt. Eine nähere Untersuchung gestaltete sich durch den beschränkten Umfang schwierig.

Obwohl künstliche Intelligenzen schon seit mehreren Jahrzehnten in der Finanzbranche eingesetzt werden, befindet sich die Forschung und Entwicklung in den Kinderschuhen. Durch den Digitalisierungsboom stehen den künstlichen Intelligenzen enorme Datenmengen zur Verfügung. 90% aller zur Verfügung stehenden Daten wurden in den letzten zwei Jahren geschaffen und der Zuwachs dieser Datenmenge nimmt stetig zu.[36] Die künstlichen neuronalen Netze werden auch in Zukunft die Grundlage jedes angewendeten Prognosetools in der Finanzbranche sein, nur die Architektur dieser wird abgewandelt sein. Die neuronalen Netze werden eine Kombinatorik aus unterschiedlichen Techniken sein, die in mehreren Schichten angeordnet sind.[37] Kritisch zu sehen ist dennoch die Menge des Handelsvolumens, das die KI abwickelt. Durch unvorhergesehene

---

[35] Yates, 2020
[36] Equbot, 2021
[37] Divis, 2020

Marktgeschehnisse wird auch in Zukunft Chaos am Markt entstehen, wodurch die KI nicht angemessen handeln kann. Dies wird, wie bei anderen Finanzcrashs, zu massiven Liquidationen durch die KI am Markt führen. Das irrationale Handeln des Menschen am Markt, führt auch bei der KI zu einem kurzfristig irrationalen Handeln, bevor es lernt, dass es irrational gehandelt hat. Um dieses Problem zu lösen, müssen in Zukunft alle Informationen in Echtzeit verarbeitet werden. Der Trend wird weiterhin zur Anlage und Handel mittels Unterstützung durch künstliche neuronale Netze gehen, da die Renditeperformance langfristig besser sein wird als von jedem Menschen selbst zusammengestellten Portfolios.

III. Literaturverzeichnis

Buchholz, K., 2019. *Statista*. [Online]
Available at: https://www.statista-com.gw.akad-d.de/chart/20245/share-of-computerized-and-human-trading-in-us-equities/
[Zugriff am 8 Juni 2022].

Divis, 2020. *Divis*. [Online]
Available at: https://divis.io/2020/03/arten-von-kuenstlichen-neuronalen-netzen/
[Zugriff am 06 Juni 2022].

Equbot, 2021. *Equbot*. [Online]
Available at: https://equbot.com/what-is-an-artificial-intelligence-ai-exchange-traded-fund-and-what-is-the-advantage-of-ai-investing/
[Zugriff am 14 Juni 2022].

Ertel, W., 2021. *Grundkurs Künstliche Intelligenz: Eine praxisorientierte Einführung.* 5. Hrsg. s.l.:Springer-Gabler Verlag.

Europäisches Parlament, 2021. *Europäisches Parlament*. [Online]
Available at:
https://www.europarl.europa.eu/news/de/headlines/society/20200827STO85804/was-ist-kunstliche-intelligenz-und-wie-wird-sie-genutzt
[Zugriff am 8 Juni 2022].

fdeloche, 2017. *Wikimedia*. [Online]
Available at: https://commons.wikimedia.org/wiki/File:Long_Short-Term_Memory.svg
[Zugriff am 13 Juni 2022].

Kersting, K., Lampert, C. & Rothkopf, C., 2019. *WIe Maschinen lernen: Künstliche Intelligenz verständlich erklärt.* s.l.:Springer-Gabler Verlag.

Kruse, R. et al., 2015. *Computational Intelligence: Eine methodische Einführung in Künstliche Neuronale Netze, Evolutionäre Algorithmen, Fuzzy-Systeme und Bayes Netze.* 2. Hrsg. s.l.:Springer-Gabler.

Kruse, R. et al., 2011. *Computational Intelligence: Eine methodische Einführung in Knstliche Neuronale Netze, Evolutionäre Algorithmen, Fuzzy-Systeme und Bayes-Netze.* 1. Hrsg. s.l.:Vieweg+Teubner Verlag.

Lorenz, U., 2020. *Reinforcement Learning: Aktuelle Ansätze verstehen - mit Beispielen in Java und Greenfoot.* s.l.:Springer Vieweg Verlag.

Mordor Intelligence, 2022. *MordorIntelligence*. [Online]
Available at: https://www.mordorintelligence.com/industry-reports/algorithmic-trading-market#:~:text=Algorithmic%20trading%20accounts%20for%20around,(source%3A%20Wall%20Street).
[Zugriff am 9 Juni 2022].

Müller, C., 2020. *Finanzen-Freiheit-Vorsorge: Der Weg zur finanziellen Unabhängigkeit - nicht nur für Frauen*. s.l.:Springer-Gabler Verlag.

Paaß, G. & Hecker, D., 2020. *Künstliche Intelligenz: Was steckt hinter der Technologie der Zukunft*. s.l.:Springer Vieweg Verlag.

Sander, B., 2021. *Der Aktien- und Börsenführerschein: Aktien statt Sparbuch - die Lizenz zum Geldanlagen*. 10. Hrsg. München: FinanzBuch Verlag.

Schmidt, T. W., 2010. *Uni-Bayreuth*. [Online]
Available at: https://epub.uni-bayreuth.de/339/1/TTS_TemporaleFuzzyLogik.132_A5.pdf
[Zugriff am 14 Juni 22].

Styczynski, Z. A., Rudion, K. & Naumann, A., 2017. *Einführung in Expertensysteme: Grundlagen, Anwendungen und Beispiele aus der elektrischen Energieversorgung*. s.l.:Springer-Verlag.

Tractica, 2017. *Statista*. [Online]
Available at: https://www-statista-com.gw.akad-d.de/statistics/607835/worldwide-artificial-intelligence-market-leading-use-cases/
[Zugriff am 8 Juni 2022].

Wennker, P., 2020. *Künstliche Intelligenz in der Praxis: Anwendung in Unternehmen und Branchen: KI wettbewerbs- und zukunftsorientiert einsetzen*. s.l.:Springer Gabler Verlag.

Yates, T., 2020. *Investopedia*. [Online]
Available at: https://www.investopedia.com/articles/financialcareers/08/quants-quantitative-analyst.asp
[Zugriff am 14 Juni 2022].